MRKO REEH
HANDKÄSE DELUXE 2

Inhaltsverzeichnis

Seite 5:   An den Handkäs´ fertig, los!

Seite 6:   Gemüsefond Basic
Seite 7:   Parmesan vom Handkäs´
Seite 8:   Klassischer hessischer Handkäs´
Seite 9:   Kräuter Brot mit Handkäs`
Seite 10:   Spundekäs`
Seite 11:   Handkäs´ Creme mit Thai Chili
Seite 13:   Schnelle Handkäs´ Sößchen
Seite 15:   Handkäs´ Chili Poppers
Seite 17:   Hessisches Gurkensüppchen mit Handkäs´ Tatar
Seite 19:   Thai Kartoffel Suppe
Seite 21:   Rahmige Linsensuppe mit Steinpilzen und Handkäs´ Chips
Seite 23:   Handkäs´ mit Mango
Seite 25:   Handkäs´ Gen-Italien
Seite 27:   Omelett Rolle
Seite 29:   Handkäs´ auf Rettich mit Gochujang
Seite 31:   Bunter Salat mit Limetten Vinaigrette
Seite 33:   Handkäs´ Sommerrolle
Seite 35:   Handkäs` mit Raz el Hanout und Tomaten Chutney
Seite 37:   Handkäs´ im Schinkenmantel mit zweierlei vom Radieschen
Seite 39:   Kartoffel Gurken Salat
Seite 41:   Handkäs´ im Lachsmäntelchen
Seite 43:   Couscous mit scharfem Joghurt
Seite 45:   Handkäs´ Moskau Mule Style
Seite 47:   Handkäs´ Karotten Salat
Seite 49:   Handkäs´ Louisiana Style

Seite 51:	Griechischer Handkäs´
Seite 53:	Handkäs´ Marrakesch
Seite 55:	Geräuchertes Saibling Tatar
Seite 57:	Handkäs´ Burger
Seite 59:	Gebackene Handkäsecreme
Seite 61:	Bauern Omelett
Seite 63:	Gefülltes Hühnchen auf Zitronen Risotto
Seite 65:	Schnittlauch Quiche
Seite 67:	Langosch mit Handkäs´
Seite 68:	Gerösteter Blumenkohl
Seite 69:	Pasta mit Meerrettich Orangen Sauce
Seite 71:	Pasta mit Grillgemüse und Handkäs´
Seite 73:	Grüne Soße Linguine mit Kürbis Nuggets
Seite 75:	Handkäs´ Tortellini
Seite 77:	Fenchel Orangen Salat
Seite 79:	Schweinefilet mit Potato Wedges, Handkäs´ Avocado Chili Creme
Seite 80:	Tafelspitz mit Schwarzwurzeln
Seite 83:	Würziges Hühnchen mit Zitrone
Seite 85:	Schweinefilet mit Kartoffelrolle
Seite 87:	Lamm mit Pflaumen Chutney
Seite 89:	Handkäs´ Souffleé mit Birnen Ragout
Seite 91:	Handkäs´ Créme Brulée
Seite 92:	Erdbeeren Handkäs´ Balsamico Eis
Seite 93:	Impressum
Seite 94:	Bücher von Mirko Reeh
Seite 96:	Eigene Rezepte und Anmerkungen

An den Handkäs´ fertig, los!

Liebe Leserinnen,
Lieber Leser,

bei meinem zweiten Handkäsebuch dachte ich, es würde mir schwer fallen es zu Papier zu bringen, aber ehrlich gesagt sprudelte es nur so aus mir heraus.

Es war ein leichtes Rezepte zu schreiben. Einige meiner neuen Kreationen konnte ich bereits in meinen Kochkursen ausprobieren, so das ich auch die Gewissheit hatte das es funktioniert und schmeckt.

Alle Rezepte sind immer für 4 Personen als Hauptgang gedacht. Ich habe alle 50 Rezepte vor dem Schreiben mehrfach ausprobiert und angepasst.

Es würde mich von Herzen freuen, wenn Euch mein Buch gefällt und Ihr sehr viel daraus zubereitet und nachkocht, ebenso über einen Kommentar z.B. bei Facebook: www.facebook.com/mirkoreeh oder Amazon.

Ich bin unermüdlich darin neue Rezepte zu schreiben und verspreche Euch bald ein weiteres Kochbuch präsentieren zu können.

Nun wünsche ich Euch viel Spaß mit Handkäse Deluxe 2.

Euer Mirko

Gemüse Fond Basic

Zubereitungsdauer: 15 Minuten | Kochzeit: 1 Stunde

Zutaten:
1 Bund klassisches Suppengrün (ca. 800 g)
500 ml trockenen Weißwein oder Apfelwein
3 Liter Wasser
1 Zwiebel, mit Schale
1 TL Wacholderbeeren
1 TL schwarze Pfefferkörner
3 Lorbeerblätter
4 EL neutrales Öl

Zubereitung:
Das Suppengrün und die Zwiebel säubern und mit dem Öl anbraten. Ablöschen mit dem Weißwein, 5 Minuten kochen lassen und die Gewürze hinzugeben. Aufgießen mit Wasser und aufkochen lassen. Von der höchsten dann auf die mittlere Stufe stellen, 1 Stunde köcheln und dabei gelegentlich umrühren.

Tipp:
Sollte man den Fond ohne Wein vorbereiten ist das nicht so schlimm, er schmeckt auch dann. Allerdings fehlt etwas Säure. Das kann man mit 3 EL Apfelessig ausgleichen.

Parmesan vom Handkäs´

Zubereitungsdauer: 10 Minuten | Trocknungszeit: 8 Stunden

Zutaten:
8 Scheiben Handkäse

2 Backbleche
Backpapier

Zubereitung:
Den Handkäse in dünne Scheiben schneiden und auf ein Backblech legen, das zuvor mit Backpapier ausgelegt wurde.

Im leicht geöffneten Backofen bei 80 Grad Umluft 8 Stunden trocknen und auskühlen lassen.

Mit einem Mixer ganz fein mahlen. Der getrocknete Handkäse kann dann wie Parmesan verwendet werden.

Klassisch hessischer Handkäs´

Zubereitungsdauer: 15 Minuten | Marinierzeit: 3 Stunden

Zutaten:
8 Scheiben Handkäse

100 g Apfelwein
60 – 80 ml Apfelessig
100 ml neutrales Öl
2 große Zwiebeln
1 EL Kümmel

Salz & Pfeffer

Zubereitung:
Die Zwiebeln schälen und in feine Würfelchen schneiden und mit den restlichen Zutaten vermengen. Die Marinade mit Salz und Pfeffer abschmecken.

Tipp:
Sind einem die Zwiebeln zu scharf oder zu würzig, kann man diese auch mit etwas Öl anbraten. Dadurch verlieren sie die Schärfe und Strenge.

Kräuter Brot mit Handkäs´

Zubereitungsdauer: 15 Minuten | Backzeit: 45 Minuten

Zutaten:
4 Scheiben Handkäse
oder
2 EL Handkäs´ Parmesan

500 g Mehl
15 g Trockenhefe
5 g Zucker
14 g Salz
2 EL getrocknete Kräuter der Provence
320 – 350 ml Wasser

Zubereitung:
Wenn man den klassischen Handkäse verwendet, muss dieser in kleine Würfel geschnitten werden. Nimmt man den Handkäs´ Parmesan kann dieser direkt in die Masse gegeben werden.

Alle Zutaten in einer großen Schüssel gut vermengen und auf ein Backblech geben, das zuvor mit Backpapier ausgelegt wurde.

30 Minuten ruhen lassen. Im vorgeheizten Backofen bei 180 Grad Umluft 45 Minuten backen und auskühlen lassen.

Tipp:
Statt der Kräuter der Provence können auch getrocknete Kräuter der Grünen Soße verwendet werden. Gleiches Verfahren wie beim Trocknen des Handkäses (Rezept „Parmesan vom Handkäs´" Seite 7), allerdings sind die Kräuter nach 4 Stunden schon fertig.

Spundekäs'

Zubereitungsdauer: 10 Minuten

Zutaten:
200 g Frischkäse
100 g Handkäse
200 g Quark mit mindestens 20 % Fett
1 mittlere klein geschnittene Zwiebel
1 klein geschnittene Knoblauchzehe
1 EL Paprika edelsüß für die Creme
1 EL Paprika edelsüß für die Dekoration

Salz & Pfeffer

Zubereitung:
Handkäse mit einer Gabel zerdrücken. Alle Zutaten dann kräftig mit einander vermengen. Abschmecken mit Salz und Pfeffer. In eine Schüssel geben und mit dem Paprikapulver bestreuen.

Tipp:
Zur weiteren Dekoration eignen sich in Ringe geschnittene Frühlingszwiebeln.

Handkäs' Creme mit Thai Chili

Zubereitungsdauer: 15 Minuten

Zutaten:
100 g Handkäse
80 g Quark
6 EL Thai Chili Sauce

Salz & Pfeffer

Zubereitung:
Den Handkäse klein schneiden, mit den restlichen Zutaten in einen Mixer geben und fein pürieren. Abschmecken mit Pfeffer und Salz.

Tipp:
Statt der Thai Chili Sauce kann z.B. auch Sahnemeerrettich verwendet werden.

Schnelle Handkäs´ Sößchen

Zubereitungsdauer je: 20 Minuten

Zutaten süßer Pfeffer:
2 EL rote Pfefferbeeren
50 ml neutrales Öl
2 EL heller Essig
2 EL Honig

Zutaten á Lemon:
1 Zitrone, deren Abrieb und Saft
50 ml Olivenöl
3 Frühlingszwiebeln

Zutaten Paprika Salsa:
2 eingelegte Paprika aus dem Glas
1 EL Tomatenmark
1 Zwiebel
100 ml Gemüsefond
1 EL Paprika scharf
1 Chilischote

Zutaten Apfel-Schmand:
1 Zwiebel
1 Apfel
100 g Schmand
2 EL Sahne Meerrettich

Zutaten Apfel-Kräuter Musik:
1 Apfel
2 EL fein geschnittene Kräuter der grünen Soße
8 EL neutrales Öl
2-3 EL Apfelessig

Sowie:
Pfeffer, Salz und Zucker

Zubereitung süßer Pfeffer:
Alle Zutaten miteinander sehr gut vermengen und mit Pfeffer und Salz abschmecken.

Zubereitung á Lemon:
Frühlingszwiebeln in Rauten schneiden, mit den restlichen Zutaten vermengen und abschmecken mit Pfeffer, Salz und einer Prise Zucker.

Zubereitung Paprika Salsa:
Die Zwiebel klein schneiden und anbraten. Das Tomatenmark und eine Prise Zucker zum karamellisieren hinzugeben. Die zuvor klein geschnittene Paprika und Chilischote mit den Kernen gut anbraten. Auffüllen mit dem Fond und kurz kochen lassen bis die Masse leicht dicklich wird. Mit Pfeffer und Salz abschmecken.

Zubereitung Apfel-Schmand:
Den Apfel und die Zwiebel schälen, in kleine Stücke schneiden und mit den restlichen Zutaten sehr gut vermengen. Abschmecken mit Salz und Pfeffer.

Zubereitung Apfel-Kräuter Musik:
Den Apfel und die Zwiebel schälen und in feine Würfel schneiden. Alle Zutaten gut vermengen und mit Pfeffer, Salz und einer Prise Zucker abschmecken.

Handkäs` Chili Poppers

Zubereitungsdauer: 20 Minuten

Zutaten:
500 g Handkäse
1 Chilischote
3 Eier
50 g Mehl
200 g Paniermehl

1 Liter Öl zum Frittieren

Zubereitung:
Den Handkäse mit einem elektrischen Zerkleinerer sehr fein pürieren, am besten wenn er kalt aus dem Kühlschrank kommt, so lässt er sich am besten verarbeiten. Die Chilischote entkernen und mit dem Käse gut vermengen. Aus der Masse ca. 2 cm große Bällchen formen.

Die Bällchen zuerst im Ei wälzen dann im Mehl. Nächster Schritt, noch einmal im Ei wälzen und sehr gut in Paniermehl bis die Bällchen trocken sind.

Goldbraun im vorbereiteten Frittieröl ausbacken.

Hessisches Gurkensüppchen mit Handkäs´ Tatar

Zubereitungsdauer: 20 Minuten | Zeit zum Erkalten: 4 Stunden

Zutaten Suppe:
1 Salatgurke
1 Knoblauchzehe
4 süße Gewürzgurken
½ Bund Dill
30 g frischer Meerrettich
300 g Rahmjoghurt
200 g Schmand

Zutaten Tatar:
2 Handkäse
½ Gurke
1 kleine Zwiebel

Sowie:
Salz & Pfeffer

Zubereitung Suppe:
Die Salatgurke schälen. Alle weiteren Zutaten klein schneiden, in einen Mixer geben und sehr fein pürieren. Abschmecken mit Salz, Pfeffer und einer Prise Zucker.
Mindestens 4 Stunden kühlen lassen.

Zubereitung Tatar:
Alle Zutaten in kleine Würfel schneiden, miteinander vermengen und leicht würzen mit Pfeffer und Salz.

Thai Kartoffel Suppe

Zubereitungsdauer: 40 Minuten

Zutaten:
8 Scheiben Handkäse

600 g Kartoffeln
1 Zwiebel
1,5 Liter Gemüsefond
2 EL gelbe Thai Chilipaste
100 g Schmand

4 Stängel Thai Basilikum
1 rote Paprika
1 grüne Paprika

2 Scheiben Papadam (Indisches Brot)

Salz & Pfeffer

Zubereitung:
Zwiebeln in einem hohen Topf anbraten. Kartoffeln schälen und klein schneiden. Kartoffeln zu den Zwiebeln geben und mit dem Fond aufgießen. Das Ganze so lange kochen bis die Kartoffeln gar sind. Schmand und etwas von der Chilipaste hinzugeben und fein pürieren. Handkäse dazugeben und weiter pürieren. Suppe nur noch warm halten, sonst brennt sie an. Abschmecken mit der Paste sowie etwas Pfeffer und Salz.

Das Brot in einer Pfanne rösten und in Stücke zum dekorieren zerbrechen. Basilikum zupfen. Paprika in Streifen schneiden und anbraten.

Suppe in eine tiefe Schale geben. Mit dem Basilikum, der Paprika und dem Papadam dekorieren.

Rahmige Linsensuppe mit Steinpilzen und Handkäs' Chips

Zubereitungsdauer: 40 Minuten

Zutaten Suppe:
200 g Linsen
30 g getrocknete Steinpilze
1 Liter Gemüsefond
200 g Suppengrün
1 Zwiebel
6 Tomaten
100 ml Sahne

2 Lorbeerblätter
1 Zweig Salbei
1 TL Fenchelsamen

1 Handkäse

Salz und Pfeffer

Zubereitung:
200 ml Gemüsefond erhitzen und die Steinpilze darin weich werden lassen. Die Linsen im restlichen Fond kochen, bis diese weich sind und mit Fond glatt pürieren.

Suppengrün, Tomaten und Zwiebeln in feine Würfel schneiden, mit den Steinpilzen anbraten und in die Suppe geben. Lorbeerblatt, Salbei und Fenchel im Mörser fein mahlen und ebenfalls in die Suppe geben. Sahne hinzufügen und leicht köcheln lassen. Abschmecken mit Pfeffer und Salz.

Den Handkäse in dünne Scheiben schneiden und auf ein Backblech mit Backpapier legen. Den Ofen auf 230 Grad vorheizen, den Handkäse ca. 4 bis 5 Minuten gratinieren und auskühlen lassen.

Handkäs' mit Mango

Zubereitungsdauer: 15 Minuten

Zutaten:
8 Scheiben Handkäse

1 Mango
4 Frühlingszwiebeln
3 Zweige Koriander
1 EL Honig
4 EL Reisessig
6 – 8 EL Nussöl

Salz & Pfeffer

Zubereitung:
Mango schälen, entkernen und in Würfel schneiden. Handkäse ebenfalls in Würfel schneiden. Frühlingszwiebeln in Rauten schneiden. Koriander zupfen und klein schneiden. Alle Zutaten mit dem Essig, dem Honig und dem Nussöl vermengen. Abschmecken mit Salz und Pfeffer.

Tipp:
Wenn man das Ganze würziger haben möchte, kann man eine kleine Chilischote klein schneiden und unterheben.

Handkäs' GenItalien

Zubereitungsdauer: 20 Minuten

Zutaten Rolle:
8 Scheiben Handkäse

1 eingelegte Zucchini
2 Scheiben eingelegte Auberginen
50 g eingelegte, getrocknete Tomaten
50 g grüne, entsteinte Oliven
1 Zitrone, deren Saft und Schale
2 gekochte Artischockenherzen
2 Stängel Basilikum
1 EL dunklen Balsamico

Salz & Pfeffer

Zubereitung:
Das Gemüse leicht abtropfen lassen, klein schneiden und mit dem Balsamico, etwas Zitronensaft und der Schale vermengen. Basilikum klein schneiden und unterheben. Abschmecken mit Pfeffer und Salz.

Omelett Rolle

Zubereitungsdauer: 30 Minuten

Zutaten:
8 Eier
1 EL Mehl
50 ml Milch
1 Zwiebel
8 Handkäse Minis mit Edelschimmel
100 g Frischkäse
½ Bund Schnittlauch
2 EL Forellenkaviar

Salz & Pfeffer

Zubereitung:
Die Zwiebel klein schneiden und mit etwas Öl anbraten. Aufgeschlagene Eier, Mehl und Milch gut vermengen, dann die Zwiebel unterheben und mit Pfeffer und Salz würzen. Die Masse auf 4 Portionen aufteilen und als Omelett in einer heißen Pfanne ausbacken und abkühlen lassen.

Für die Füllung 4 der Handkäseminis mit einer Gabel zerdrücken und mit dem Frischkäse vermengen. Abschmecken mit Pfeffer und Salz.

Die Omeletts mit der Creme einstreichen und einrollen. In Rollen schneiden und mit dem Schnittlauch fixieren.

Zur Dekoration die restlichen Handkäse aufschneiden und auflegen. Mit dem Kaviar dekorieren.

Handkäs´ auf Rettich mit Gochujang

Zubereitungsdauer: 30 Minuten

Zutaten:
8 Scheiben Handkäse
200 g Rettich

1 EL Gochujang (Koreanische Würzpaste)
6 EL Sojasauce
2 EL Sesamöl
1 EL Apfelessig
1 gehäuften EL gerösteten Sesam
3 Frühlingszwiebeln
1 Knoblauchzehe
½ Bund Schnittlauch
1 milde rote Chilischote

Salz & Pfeffer

Zubereitung:
Den Rettich fein hobeln und leicht salzen.

Frühlingszwiebeln und Chilis ohne Kerne in Rauten schneiden. Knoblauch sehr fein schneiden. Alle geschnittenen sowie die restlichen Zutaten sehr gut vermengen.

Abschmecken mit Pfeffer und Salz.

Bunter Salat mit Limetten Vinaigrette

Zubereitungsdauer: 30 Minuten

Zutaten Salat:
8 Scheiben Handkäse

200 g gemischter Salat nach Wahl
100 g Cocktailtomaten

Zutaten Vinaigrette:
2 Limetten, deren Saft und Schale
50 ml Gemüsefond
50 ml neutrales Öl
2 EL heller Apfelessig
1 EL Honig
1 kleine Zwiebel
½ TL helle Senfkörner

Salz & Pfeffer

Zubereitung:
Den Salat säubern und die Tomaten halbieren. Handkäse ebenfalls halbieren oder vierteln. Dann in tiefe Schalen anrichten.

Für die Vinaigrette zunächst die Zwiebel in sehr feine Würfel schneiden. Alle Zutaten dann sehr gut vermengen. Mit Salz und Pfeffer abschmecken.

Handkäs' Sommerrolle

Zubereitungsdauer: 40 Minuten

Zutaten Rolle:
8 Reispapier Blätter
100 g Rucola
2 Handkäse
1 EL rote Pfefferbeeren
2 EL Senf Marinade bzw. Dipp
(Rezept siehe unten)

Zutaten Marinade/Dipp:
8 EL Senf
1 EL Essig
2 EL Honig
2 EL neutrales Öl
100 g Schmand

Zubereitung:
Für die Marinade alle Zutaten, bis auf den Schmand, vermengen. 2 EL zurückbehalten, den Schmand für den Dipp hinzugeben und abschmecken mit Pfeffer und Salz.

Für die Füllung der Rolle alle Zutaten klein schneiden und mit der Marinade vermengen. Abschmecken mit Pfeffer und Salz.

Jeweils zwei Reisblätter überlappen und auf ein feuchtes Küchentuch legen. Dann so lange warten bis das Reisblatt weich ist. Die Füllung darauf geben. Die Seiten auf die Füllung einschlagen und von unten nach oben eng einrollen.

Mit dem Dipp servieren.

Handkäs' mit Raz el Hanout und Tomaten Chutney

Zubereitungsdauer: 20 Minuten

Zutaten Handkäse:
8 Handkäse
2 EL Raz el Hanout
6 EL Öl
1 EL dunklen Balsamico

Zutaten Tomaten Chutney:
500 ml Tomatensaft
2 EL Tomatenmark
6 feste Tomaten
1 Zwiebel
2 EL Zucker
2 EL hellen Balsamico

Sowie:
100 g Okraschoten
4 EL Öl
Salz und Pfeffer

Zubereitung:
Für das Chutney die Zwiebel fein schneiden und mit etwas Öl anbraten. Tomaten enthäuten, entkernen und in Würfel schneiden. Zu den glasigen Zwiebeln kommt nun gleichzeitig Tomatenmark und Zucker. Das Ganze ein bisschen anrösten, mit dem Tomatensaft ablöschen und ca. auf die Hälfte reduzieren. Die Tomaten in einer extra Kasserolle mit etwas Zucker und Olivenöl anbraten und zu der eingekochten Tomatensauce geben. Abschmecken mit Salz, Pfeffer und Balsamico.

Für den Handkäse Essig, Öl und Raz el Hanout sehr gut vermengen. Den Handkäse darin mehrfach wälzen und in der Marinade mindestens 1 Stunde ruhen lassen.

Weiter geht's mit den Okraschoten. Diese in Ringe schneiden und Öl kräftig anbraten und leicht salzen.

Zum Anrichten das Chutney auf einen leicht tiefen Teller geben. Den marinierten Handkäse oben darauf legen und die Okraschoten darüber streuen.

Handkäs´ im Schinkenmantel mit zweierlei vom Radieschen

Zubereitungsdauer: 40 Minuten

Zutaten Handkäse:
8 Handkäse
16 Schinkenspeckscheiben

Zutaten Pesto:
Blätter von 2 Bund Radieschen
100 ml neutrales Öl
6 EL Sonnenblumenkerne
2 EL Senf
2 Zwiebeln

Zutaten Salsa:
400 g Radieschen
1 rote Zwiebel
4 süße eingelegte Gurken
6 EL neutrales Öl
4-6 EL heller Balsamico
2 EL Honig

Salz & Pfeffer

Zubereitung Salsa:
Alle festen Zutaten in kleine Würfel schneiden und mit den restlichen flüssigen Zutaten vermengen. Abschmecken mit Pfeffer und Salz.

Zubereitung Pesto:
Die Blätter säubern, alles zusammen in einen Mixer geben und fein pürieren. Abschmecken mit Pfeffer und Salz.

Zubereitung Handkäs:
Den Handkäs mit etwas Pfeffer würzen und sehr gut in den Schinkenmantel einwickeln. In einer Pfanne den Schinken kurz von beiden Seiten anbraten.

Kartoffel Gurken Salat
Zubereitungsdauer: 30 Minuten

Zutaten:
8 Scheiben Handkäse
8 Scheiben Speck

400 g gekochte Kartoffeln vom Vortag
1 Gurke

100 ml Gemüsefond
1 EL Mayonnaise
½ Bund Schnittlauch
1 EL Apfelessig
6 EL Rapsöl

Salz & Pfeffer

Zubereitung:
Die Kartoffeln in Scheiben schneiden. Die Gurken mit der Schale fein hobeln und leicht salzen.

Gemüsefond, Mayonnaise, Apfelessig und Rapsöl gut vermengen. Schnittlauch und Zwiebel fein schneiden und mit unter das Dressing heben. Abschmecken mit Pfeffer und Salz.

Handkäse aufschneiden. Speck knusprig braten oder im Backofen bei 250 Grad 4 bis 6 Minuten backen.

Kartoffeln und Gurken in Schalen aufteilen. Handkäse darauf verteilen. Dressing darüber geben und mit dem Speck dekorieren.

Handkäs´ im Lachsmäntelchen

Zubereitungsdauer: 25 Minuten

Zutaten Handkäse:
8 Scheiben Handkäse
16 Scheiben geräucherter Lachs
2 EL Senf
1 EL Honig

Zutaten Sauce:
6 EL Sahnemeerrettich
4 EL Schmand
1 TL Honig
1 kleines Bund Schnittlach

Salz & Pfeffer

Zubereitung:
Honig mit dem Senf vermengen und den Handkäse damit einpinseln. Zwei Scheiben Lachs darum herum wickeln.

Für die Sauce den Schnittlauch klein schneiden und mit den restlichen Zutaten vermengen. Abschmecken mit Pfeffer und Salz.

Tipp:
Zur Deko können ein paar rote Pfefferbeeren über die Sauce gegeben werden.

Couscous mit scharfem Joghurt

Zubereitungsdauer: 20 Minuten

Zutaten Couscous:
300 g Couscous
600 ml Gemüsefond
200 g knackiges Gemüse nach Wahl
1 Zwiebel
200 g Handkäse
1 Granatapfel
4 EL Nussöl
2 EL Apfelessig

Zutaten Joghurt:
200 g milder Joghurt
100 g 10 % Joghurt
1 Knoblauchzehe
1 TL scharfes Paprikapulver

Zubereitung Couscous:
Couscous nach Packungsangabe mit dem Fond garen. Kalt durchspülen, so dass sich die Stärke sich herauswäscht. Gemüse in kleine Würfel schneiden, anbraten und auskühlen lassen. Handkäse ebenfalls in kleine Würfel schneiden. Granatapfel entkernen. Alle Zutaten vermengen. Mit Pfeffer und Salz abschmecken.

Zubereitung Joghurt:
Knoblauch fein schneiden, mit den restlichen Zutaten gut vermengen und würzen.

Tipp:
Statt dem Couscous kann man auch Quinoa verwenden.

Handkäs´ Moskau Mule Style

Zubereitungsdauer: 20 Minuten | Marinier Zeit: 3 Stunden

Zutaten:
8 Scheiben Handkäse

½ Gurke
2 Stängel Minze
1 Limette, deren Saft und Schale
1 rote Zwiebel
20 g Ingwer
6 EL Öl
6 EL Wodka

Salz & Pfeffer

Zubereitung:
Gurke, Ingwer und Zwiebel in sehr feine Würfel schneiden.

Minze fein schneiden und alles mit dem Öl, dem Wodka, dem Limettensaft und der Limettenschale vermengen. Kräftig würzen mit Salz und Pfeffer.

Den Handkäse mindestens 3 Stunden darin einlegen.

Tipp:
Statt dem Wodka kann auch Gin verwendet werden. Dadurch wird die Marinade etwas milder und hat nicht einen so starken Alkohol Geschmack.

Handkäs´ Karotten Salat

Zubereitungsdauer: 20 Minuten

Zutaten:
600 Karotte
400 g gekochte Graupen
2 rote Zwiebeln
200 g Handkäse
50 g Rosinen oder Cranberries
1 Bund Dill
8 – 10 EL Olivenöl
6 EL heller Apfel Essig
2 – 3 EL Honig

Salz & Pfeffer

Zubereitung:
Karotten und Zwiebeln in grobe Würfel schneiden und mit etwas Öl anbraten. Solange garen bis die Karotten zwar noch knackig aber fast gar sind und auskühlen lassen.

Handkäse in Würfel scheiden. Dill fein schneiden und mit allen Zutaten gut vermengen. Abschmecken mit Salz und Pfeffer.

Handkäs´ Louisiana Style

Zubereitungsdauer: 20 Minuten

Zutaten:
4 Handkäse
4 EL Paprika Edelsüß
1 EL geräuchertes Salz
1 EL Korianderkörner
1 EL Kardamom
3 EL geröstete Zwiebeln
½ TL grobes Chilipulver
½ TL Pfeffer
1 TL Salz
6 EL Olivenöl
2 EL heller Essig

Zubereitung:
Alle Gewürze in einen Mörser geben, grob mörsern, Essig und Öl hinzugeben und sehr gut vermengen. Über den Handkäs geben und ca. 30 Minuten einwirken lassen.

Griechischer Handkäs´

Zubereitungsdauer: 30 Minuten

Zutaten Handkäse:
8 Handkäse
16 eingelegte Weinblätter

Zutaten Tzatziki:
300 g Joghurt, 10 %
200 g Quark, 20 %
1 Gurke
2 Zwiebeln
5 Knoblauchzehen
2 EL Olivenöl
4 EL heller Balsamico

Salz & Pfeffer

Zubereitung Handkäse:
Den Handkäse mit Pfeffer und Salz würzen und in Weinblätter einwickeln.

Zubereitung Tzatziki:
Gurke mit Schale in kleine Würfelchen schneiden. Zwiebeln ebenfalls klein scheiden. Knoblauch fein reiben. Joghurt und Quark sehr gut verrühren und die restlichen klein geschnittenen Zutaten unterheben. Das Tzatziki mit Pfeffer und Salz abschmecken.

Handkäs' Marrakesch

Zubereitungsdauer: 30 Minuten

Zutaten:
8 Handkäse

6 rote Zwiebeln
4 EL Zucker
1 EL Curry
½ TL gemahlenen Kreuzkümmel
50 ml Gemüsefond
6 EL Öl
2 EL Apfelessig

Salz & Pfeffer

Zubereitung:
Die Zwiebeln in feine Streifen schneiden. Zucker karamellisieren und die Zwiebeln darin weich schmoren. Gemüsefond, Öl, Essig , sowie die Gewürze hinzugeben und sehr gut vermengen. Mit Pfeffer und Salz abschmecken.

Gerächertes Saibling Tatar

Zubereitungsdauer: 20 Minuten

Zutaten Handkäse:
100 g Feldsalat
200 g Chicoree
100 g Radiccio
100 g Rucola
2 Birnen

Zutaten Dressing:
6 EL Nussöl
4 EL neutrales Öl
6 EL heller Balsamico
1 EL Senf
1 EL Thai Chili Sauce
2 Handkäse

Zutaten Tatar:
300 g geräucherten Saibling
1 Zwiebel
4 EL süße Thai Chilisauce
1 süße, eingelegte Gurke
1 EL Sojasauce
2 EL Öl
1 EL Essig

Pfeffer und Salz

Zubereitung:
Den Saibling in grobe Würfel schneiden. Die Zwiebel und Gürkchen in feine Würfel schneiden, alle Zutaten sehr gut vermengen und abschmecken mit Pfeffer und Salz.

Salat säubern, klein zupfen und vermengen. Die Birnen schälen, entkernen und in Würfel schneiden und unter den Salat mischen.

Für das Dressing alle Zutaten in einen Pürierbecher geben und fein pürieren. Abschmecken mit Pfeffer und Salz.

Handkäs' Burger

Zubereitungsdauer: 50 Minuten

Zutaten Handkäs:
4 Handkäse
100 g Paniermehl
2 EL Mehl
2 Eier

Zutaten Barbecue Sauce:
2 Zwiebeln
3 EL Tomatenmark
100 ml Gemüsefond
1 EL Zucker
1 EL geräuchertes Paprikapulver
1 EL dunkler Balsamico

Zutaten Remoulade:
250 g neutrales Öl
1 Ei
4 EL fein geschnittene Kräuter der grünen Soße

Sowie:
4 Hamburger Brötchen
1 Tomate
4 Blätter vom Blattsalat
1 rote Zwiebel

Öl zum Frittieren
Pfeffer und Salz

Zubereitung Handkäse:
Den Handkäse würzen mit etwas Pfeffer und Salz, zuerst im Mehl wenden, dann im zuvor aufgeschlagenem Ei und abschließend in Paniermehl. Das Panieren mit dem Ei und Paniermehl wiederholen, so dass der Handkäse gut verschlossen ist und beim Frittieren nicht ausläuft.

Zubereitung Barbecue Sauce:
Zwiebeln in feine Würfel schneiden und kurz mit etwas Öl anbraten. Dann nach und nach die restlichen Zutaten hinzugeben und mit dem Fond aufgießen. Einköcheln lassen bis die Sauce dicklich wird. Abschmecken mit Pfeffer und Salz.

Zubereitung Remoulade:
Öl in einen hohen schmalen Becher geben. Ei hinzugeben. Mit einem Stabmixer, erst lange, ca. 1,30 Minuten ganz unten im Becher pürieren, dann langsam und vorsichtig hoch ziehen, dabei stätig pürieren. Die Masse sollte nun steif sein. Die Kräuter hinzugeben und abschmecken mit Pfeffer und Salz.

So geht's weiter:
Die Burger Brötchen aufschneiden und die Schnittfläche unterm Grill rösten. Den Salat auflegen und die Remoulade auf das Salatblatt geben. Zwiebeln und Tomaten in Scheiben schneiden und auflegen. Den zuvor frittierten Handkäse, die Barbecue Sauce und das Brötchenoberteil ebenfalls darauf legen.

Gebackene Handkäsecreme

Zubereitungsdauer: 40 Minuten

Zutaten Creme:
250 g Handkäse
250 g Sahne
150 g Butter

2 Handkäs zum Gratinieren

Zutaten Salat
200 g Rotkohl
1 Salatherz
1 Chicorée

1 Avocado
100 g Thaichilisauce
3 EL hellen Balsamico
6 EL Olivenöl

Salz & Pfeffer

Zubereitung Creme:
Handkäse im Wasserbad schmelzen. Die Butter und die Sahne hinzugeben. Sehr gut verrühren bis alles eine Masse ist, abschmecken und auskühlen lassen.

Die Creme in Töpfchen füllen. Den Handkäse zum Gratinieren in kleine Würfel schneiden und auf die Creme ins Töpfchen geben. Bei 180 Grad ca. 15 Minuten gratinieren.

Zubereitung Salat:
Den Salat in feine Streifen schneiden und leicht salzen. Avocado schälen, entkernen zerdrücken und mit Thaichili Sauce, Balsamico und Öl vermengen. Unter den Salat heben und mit Pfeffer und Salz abschmecken.

Bauern Omelett

Zubereitungsdauer: 30 Minuten

Zutaten Omelett:
400 g gekochte Kartoffeln vom Vortag
4 Handkäse
8 Eier
100 ml Milch
1 Bund mediterrane Kräuter
2 EL Butter

Zutaten Knoblauchbrot:
1 Stange französisches Stangenweißbrot
2 Knoblauchzehen
6 EL Butter

Salz & Pfeffer

Zubereitung Omelett:
Eier mit der Milch verquirlen. Handkäse würfeln. Kräuter fein schneiden.

Die Kartoffeln auf 4 Portionen aufteilen und in einer Pfanne anbraten. Handkäse und Kräuter hinzugeben. Mit der Ei - Milch Masse auffüllen, von beiden Seiten braten und im Backofen warm stellen. Das Ganze noch drei mal für die restlichen Omeletts wiederholen.

Zubereitung Brot:
Brot in Scheiben schneiden. Butter in einem Topf schmelzen. Knoblauch fein schneiden und in der Butter braten. Die flüssige Knoblauchbutter auf die Brotscheiben verteilen. Im Backofen bei 180 Grad ca. 10 Minuten backen.

Gefülltes Hühnchen auf Zitronen Risotto

Zubereitungsdauer: 50 Minuten

Zutaten Hühnchen:
4 Hühnerbrustfilets
8 getrocknete Tomaten
4 Handkäse

Zutaten Risotto:
400 g Risotto Reis
1 Zwiebel
2 Knoblauchzehen
3 EL Butter
2 Zitronen, unbehandelt
250 ml Weißwein
750 ml Gemüsebrühe
1 Bund glatte Petersilie
4 EL Parmesan

Salz & Pfeffer

Zubereitung Hühnchen:
In die Hühnerbrust eine Tasche schneiden. Handkäse halbieren, jeweils 2 getrocknete Tomaten und den Handkäse in die Tasche geben sowie etwas Pfeffer und Salz. Mit einem Zahnstocher fixieren damit die Tasche nicht wieder aufgeht. Kurz von beiden Seiten in einer Pfanne mit etwas Öl anbraten und im den zuvor mit 180 Grad vorgeheizten Backofen 15 – 20 Minuten garen.

Zubereitung Risotto:
Die Zwiebeln und den Knoblauch schälen und klein schneiden. Die Zitronen heiß abwaschen, mit einem Fadenschneider die Haut abziehen und auspressen.
Die Hälfte der Butter in einem Topf schmelzen, Zwiebel und Knoblauch hinzugeben, sowie ein paar Fäden der Zitronenschale. Den Reis hinzugeben und unter ständigem Rühren andünsten bis er vom Fett überzogen ist. Mit Weißwein und dem Zitronensaft ablöschen und unter ständigem Rühren verdampfen lassen. Auf eine mittlere Hitze stellen und ein paar Schöpfer Brühe hinzugeben. Brühe unter ständigem Rühren verdampfen lassen. Das Ganze so oft wiederholen bis die Brühe aufgebraucht und der Reis gar ist. Petersilie waschen, hacken und unter den Reis mischen. Die restlichen Zitronenfäden unterheben und mit Salz und Pfeffer kräftig würzen. Zum Schluss die restliche Butter unterheben. Mit etwas Parmesan und ein paar Zitronenfäden garnieren.

Schnittlauch Quiche

Zubereitungsdauer: 20 Minuten | Backzeit: 35 Minuten

Zutaten:
4 Blätterteigplatten
6 Handkäse mit Edelschimmel
2 Zwiebeln
400 g Schmand
6 Eier
1 Bund Schnittlauch
2 EL weiche Butter

4 Quiche Förmchen

Salz & Pfeffer

Zubereitung:
Backofen auf 200 Grad Umluft vorheizen. Zwiebeln klein schneiden und mit einem Esslöffel Butter anbraten. Die Förmchen buttern, mit dem Blätterteig auslegen und die Zwiebeln darauf geben. Schnittlauch fein schneiden und Handkäse würfeln und in die Förmchen aufteilen.

Eier und Schmand verquirlen und mit Salz und Pfeffer würzen. Die Förmchen mit der glatten Schmand - Ei Masse auffüllen.

Im Backofen bei 180 Grad 30 bis 35 Minuten backen.

Langosch mit Handkäs´

Zubereitungsdauer: 25 Minuten | Ruhezeit: 60 Minuten

Zutaten Teig:
400 g Mehl
15 g Trockenhefe
½ TL Salz
250 ml Milch

Zutaten Belag:
200 g Schmand
1 Knoblauchzehe
1 Bund Schnittlauch
4 Handkäse

Sowie:
1 Liter Öl zum Frittieren
Salz & Pfeffer

Zubereitung:
Alle Zutaten in einer großen Schüssel gut vermengen und 30 Minuten ruhen lassen. Vier Teigballen daraus formen und der Länge nach zu Fladen ausrollen. Dabei sollte der Rand etwas dicker sein damit der Belag später besser hält.

Für den Belag wird die Knoblauchzehe und der Schnittlauch klein geschnitten und mit dem Schmand vermengt. Abschmecken mit Pfeffer und Salz. Den Handkäse würfeln.

Die Fladen im heißen Öl ca. 2 – 3 Minuten frittieren, bis sie schön aufgegangen und braun sind. Etwas abkühlen lassen. Den Schmand und den Handkäse darauf verteilen.

Tipp:
Mag man es etwas würziger, kann man gebratenen Speck (100 g) mit auf das Langosch geben.

Gerösteter Blumenkohl

Zubereitungsdauer: 30 Minuten | Backzeit: 25 – 30 Minuten

Zutaten:
8 Handkäse

1 mittleren Blumenkohl
½ Bund Minze
2 Granatäpfel
100 g Mandeln
¼ TL Zimt
4 Pimentkörner
50 ml Olivenöl

Zubereitung:
Blumenkohl putzen und in kleine Röschen schneiden. Diese dann auf ein Blech legen. Mandeln und Olivenöl darauf geben. Im Backofen bei 200 Grad 25-30 Minuten backen. In der Zwischenzeit Minze fein schneiden, die Gewürze fein mahlen, alles zusammen in eine Schüssel geben und gut vermengen.

Abschmecken mit Pfeffer und Salz und mit zwei Scheiben Handkäse servieren.

Pasta mit Meerrettich Orangen Sauce

Zubereitungsdauer: 30 Minuten

Zutaten:
400 g Pasta
300 g Kohlrabi
300 g Karotten
2 Zwiebeln
4 Orangen
250 ml Weißwein
30 g frischer Meerrettich
250 ml Gemüsefond

Salz & Pfeffer

Zubereitung:
Nudeln al Dente abkochen und warm stellen. Zwiebeln, Kohlrabi sowie Karotten schälen und in kleine gleichmäßige Würfel schneiden. Danach mit etwas Öl anbraten. Ablöschen mit dem Weißwein. Ca. 3 Minuten kochen lassen, den Saft der Orangen hinzugeben und den Gemüsefond. Ca. 10 Minuten köcheln lassen. Abschmecken mit Pfeffer und Salz, und zur Pasta reichen.

Tipp:
Die Sauce kann mit etwas Stärke oder mit 2 EL kalter Butter abgebunden werden.

Pasta mit Grillgemüse und Handkäs`

Zubereitungsdauer: 20 Minuten

Zutaten:
400 g Spaghetti
4 Handkäse
1 Zucchini
1 gelbe Paprika
1 rote Paprika
3 Frühlingszwiebeln
4 EL Olivenöl
100 ml Gemüsefond
200 ml Sahne
1 Zitrone, deren Abrieb

Salz & Pfeffer

Zubereitung:
Die Nudeln al Dente vorbereiten und warm stellen. Zucchini und Paprika in Streifen oder Würfel schneiden, auf ein Backblech legen und mit Öl bepinseln. Im vorgeheizten Backofen bei 200 Grad ca. 10 Minuten grillen.

Sahne in einen hohen Topf geben und zum Kochen bringen. Den Gemüsefond hinzugeben und auf die Hälfte einkochen lassen. Frühlingszwiebeln klein schneiden und mit dem Grillgemüse und der Pasta zur Sauce geben.

Das Ganze sehr gut vermengen. Abschmecken mit Pfeffer und Salz. Zu guter Letzt den Handkäse würfeln und unterheben.

Grüne Soße Linguine mit Kürbis Nuggets

Zubereitungsdauer: 40 Minuten

Zutaten Pesto:
120 g Grüne Soße Kräuter
1 Handkäse
30 g Walnüsse
120 – 150 ml Olivenöl
1 Zwiebel

Zutaten Kürbis Nuggets:
400 g Hokaido Kürbis
2 Eier
100 g Paniermehl

Sowie:
400 g Linguine
1 Liter Öl zum Frittieren
Salz & Pfeffer

Zubereitung Kürbis:
Den Kürbis in mundgerechte Würfel schneiden. Im Backofen auf einem Backblech mit Backpapier 30 Minuten bei 180 Grad backen und auskühlen lassen. Sind die Kürbiswürtel ausgekühlt erst im Ei wälzen, dann in Paniermehl. Im Öl goldbraun ausbacken.

Herstellung Pesto:
Die Zwiebel klein schneiden und anbraten, nicht mit pürieren, sondern erst zum Schluss, wenn das Pesto fertig ist, hinzugeben. Alle weiteren Zutaten in einen hohen Pürierbecher geben, sehr fein pürieren und abschmecken mit Salz und Pfeffer. Zu guter Letzt die Zwiebeln unterheben.

Weitere Zubereitung:
Nudeln al Dente kochen. Das Pesto unter die Pasta heben und sehr gut vermengen. Abschmecken mit Pfeffer und Salz.

Handkäs' Tortellini

Zubereitungsdauer: 50 Minuten

Zutaten Teig:
400 g Mehl
4 Eier
1 TL Salz
2 EL Olivenöl

Zutaten Füllung:
200 g Erbsen
100 g Handkäse
50 ml Sahne
2 Zweige Minze

Zutaten Sauce:
1 Schalotte
50 ml Weißwein
300 ml Fischfond
125 ml Sahne
0,3 g Safran
40 g Butter

Zutaten Garnelen:
300 g mittelgroße Garnelen
2 EL Olivenöl

Sowie:
50 g Wildkräuter zum Dekorieren
Salz & Pfeffer

Zubereitung Nudelteig:
Alle Zutaten für den Teig gut verkneten. Ist der Teig zu trocken etwas Wasser hinzufügen. Ist der Teig zu weich etwas Mehl hinzugeben. Den fertig gekneteten Teig ca. 30 Minuten in einem trockenen Tuch ruhen lassen.

Zubereitung Füllung:
Erbsen in Wasser gar kochen, abseihen und mit der Sahne, dem Handkäse und der Minze fein pürieren. Mit Salz und Pfeffer abschmecken.

Herstellung Tortellini:
Den Teig dünn ausrollen und Rechtecke ausstechen. Die Füllung mittig setzen und mit etwas Wasser über Dreieck einstreichen. Aus dem Rechteck ein Dreieck falten und gut andrücken. Nun die langen Seiten miteinander verbinden, so dass eine Bischofsmütze entsteht. Aufstellen, die Seiten vorsichtig nach außen umbiegen und die Nudel herum drehen. Die entstandenen Tortellini gut mehlen, oder direkt ca. 6 Minuten im Salzwasser abkochen.

Zubereitung Safranschaum:
Die Schalotte in dünne Scheiben schneiden und mit dem Weißwein aufkochen. Den Fischfond hinzugießen und auf 200 ml einkochen lassen. Die Sahne angießen und kurz köcheln lassen, bis die Sauce sämig wird. Durch ein Sieb passieren und die Flüssigkeit wieder zurück in den Topf geben. Safran mit 2 EL warmen Wasser einweichen, in den Sud rühren und kräftig mit Salz und Pfeffer würzen. Die Sauce von der Kochstelle nehmen und mit einem Schneebesen die Butter in die Sauce montieren.

Zubereitung Garnelen:
Das Öl für die Garnelen in einer Pfanne erhitzen. Die Garnelen kurz darin anbraten und bei 60 Grad im Ofen ca. 4 Minuten gar ziehen lassen. Abschließend würzen mit Pfeffer und Salz.

Tipp:
Damit der Teller schön dekoriert werden kann, sollte man etwas von dem Püree aufheben und mit etwas Sahne strecken, damit es cremiger ist und sich z.B. mit einem Pinsel auf den Teller streichen lässt.

Anrichten:
Zunächst das Püree auf den Teller streichen. Tortellini darauf setzen. Schaumsauce darüber verteilen und mit den Kräutern und den Garnelen dekorieren.

Fenchel Orangen Salat

Zubereitungsdauer: 20 Minuten

Zutaten:
8 Handkäse

1 Knolle Fenchel
2 Orangen
1 Schalotte
6 EL Olivenöl
4 EL weißer Balsamico
Ein paar Spritzer Tabasco Chipotle

Zubereitung:
Fenchel und Schalotte sehr fein hobeln und Orangen filetieren. Für das Dressing Öl, Essig und Tabasco sehr gut vermengen und mit dem Salatmischen. Abschmecken mit Pfeffer und Salz.

2 Scheiben Handkäse auf einen tiefen Teller geben und mit dem Salat bedecken.

Schweinefilet mit Potato Wedges Handkäs' Avocado Chili Creme

Zubereitungsdauer: 30 Minuten | **Backzeit:** 30 Minuten

Zutaten Potato Wedges:
1 kg festkochende Kartoffeln
5 EL Olivenöl
1 EL Meersalzflocken
1 TL Kreuzkümmel
1 TL geräuchertes Paprikapulver
1 TL Paprika edelsüß

Zutaten Dipp:
2 reife geschälte und entkernte Avocados
100 g Schmand
4 klein geschnittene Handkäse
4 EL neutrales Öl
4 EL Thai Chili Sauce

Sowie:
600 g Schweinefilet
Öl zum Braten
Salz & Pfeffer

Zubereitung:
Die Kartoffeln gründlich säubern. Backofen auf 200 Grad Umluft vorheizen. Die Kartoffeln der Länge nach vierteln und in eine Schüssel geben. Öl und Gewürze mit den Kartoffeln kräftig vermengen und auf ein Backblech mit Backpapier geben.
Die gewürzten Kartoffeln ca. 30 Minuten backen.

Für den Dipp alle Zutaten in einen Mixer geben, fein pürieren und abschmecken mit Pfeffer und Salz.

Das Filet säubern, in 4 gleichgroße Scheiben schneiden und von beiden Seiten kräftig anbraten. Backofen mit 180 Grad Umluft vorheizen. Wenn das Filet mit der Pfanne in den Ofen geschoben wird, reduziert man die Temperatur auf 120 Grad und lässt das Filet ca. 6 bis 8 Minuten gar ziehen.

Tafelspitz mit Schwarzwurzeln

Zubereitungsdauer: 50 Minuten

Zutaten Tafelspitz:
600 g Tafelspitz
1 Bund Suppengrün
1 Zwiebel
1 Lorbeerblatt
1 TL Wacholderbeeren
1 TL schwarze Pfefferkörner

Zutaten Püree:
600 g Kartoffeln
100 ml Sahne
100 g geröstete, getrocknete Zwiebeln
50 g Butter

Zutaten Schwarzwurzeln:
600 g tiefgefrorene Schwarzwurzeln
2 EL Mehl
2 EL Butter
400 ml Fond vom Tafelspitz
2 Handkäse
200 ml Sahne

Sowie:
Salz, Pfeffer und Muskat

Zubereitung Tafelspitz:
Suppengrün und Zwiebel mit Schale klein schneiden. Mit 3 Liter Wasser und den Gewürzen 45 Minuten kochen. Nun den Fond noch mal richtig aufkochen. Den Tafelspitz in Scheiben schneiden und hineinlegen, Deckel darauf geben und ohne weitere Hitze ca. 20 Minuten garen lassen.

Zubereitung Püree:
Kartoffeln durchkochen, gut abgießen und mit der Sahne und der Butter durchstampfen. Zu guter Letzt die gerösteten Zwiebeln dazugeben und mit Salz würzen.

Zubereitung Schwarzwurzeln:
Die Schwarzwurzeln in den Fond geben und gar ziehen lassen. In einem extra Töpfchen die Butter schmelzen, das Mehl einrühren und leicht bräunen. Sahne und Handkäse dazugeben und köcheln lassen. Sind die Schwarzwurzeln gar kommt die Sahnemischung hinzu. Noch einmal aufkochen und würzen mit Salz, Pfeffer und Muskat.

Tipp:
Man kann den Tafelspitz auch mit anderem Rind- oder Schweinefleisch ersetzen. Hier eignen sich am besten Brust- oder Filet Stücke.

Würziges Hühnchen mit Zitrone

Zubereitungsdauer: 25 Minuten

Zutaten Hühnchen:
1 ganzes Huhn
2 Zitronen, deren Saft und Schale
1 EL Fenchel
1 EL Kurkuma
8 EL Olivenöl
1 EL Kreuzkümmel
1 EL Senfsamen
1 EL Paprika edelsüß
1 EL Bockshornkleesamen

Zutaten Sauce:
2 Handkäse
200 ml Sahne
100 ml trockenen Weißwein
200 ml Gemüsefond
1 Zwiebel
1 Lorbeerblatt
3 Wacholderbeeren

Sowie:
400 g gegarten Reis
Salz & Pfeffer

Zubereitung:
Die Gewürze fein mahlen und mit dem Öl, dem Saft und der Schale der Zitrone vermengen. Das Huhn damit kräftig einreiben. Mit Salz und Pfeffer kräftig würzen.

Backofen bei 180 Grad vorheizen. Hühnchen 30 Minuten darin garen und herausnehmen. Backofen auf Oberhitze oder Grill stellen, höchste Temperatur. Das Hühnchen kurz darin grillen.

Für die Sauce die Zwiebel anschwitzen, ablöschen mit den Flüssigkeiten und mit den Gewürzen auf die Hälfte einkochen. Danach pürieren und passieren. Abschmecken mit Pfeffer und Salz. Die Sauce kann mit etwas Stärke abgebunden werden.

Hühnchen zerlegen und mit dem Reis und der Sauce direkt servieren.

Schweinefilet mit Kartoffelrolle

Zubereitungsdauer: 100 Minuten | Backzeit: ca 40 Minuten

Zutaten Kartoffelrolle:
500 g gekochte Kartoffeln
200 g Champignons
100 g Handkäse
4 Eier
160 g Stärke

Zutaten Schalotten:
12 Schalotten
50 ml Balsamico
100 ml Rotwein
6 EL Zucker

Sowie:
500 g Schweinefilet
Öl zum Braten
Salz & Pfeffer

Zubereitung Kartoffelrolle:
Die gekochten Kartoffeln auskühlen lassen. Durch eine Presse drücken und mit Stärke und Ei vermengen. Abschmecken mit Salz. Die Masse auf eine geölte Alufolie streichen. Handkäse würfeln. Champignons klein schneiden, anbraten und auskühlen lassen. Das Ganze mittig auf die Masse streichen. Einrollen und fest zu einem Bonbon drehen. Im Backofen auf 180 Grad ca. 30 bis 40 Minuten garen.

Zubereitung Schalotten:
Die Schalotten schälen und halbieren. Mit dem Zucker karamellisieren und mit Rotwein ablöschen. Balsamico hinzugeben und stark einkochen lassen bis die Flüssigkeit sämig ist. Abschmecken mit Salz und Pfeffer.

Zubereitung Schweinefilet:
Backofen auf 180 Grad vorheizen. Das Filet in gleichgroße Portionen schneiden. Auf der Schnittfläche von beiden Seiten anbraten und würzen. In den Ofen geben und bei 120 Grad ca. 8 bis 10 Minuten garen.

Lamm mit Pflaumen Chutney

Zubereitungsdauer: 30 Minuten | Backzeit: ca 25 Minuten

Zutaten Lamm:
300 g Lammgulasch
1 Handkäse
1 Zwiebel
3 Zweige glatte Petersilie

4 Scheiben Blätterteig
1 Eigelb

Zutaten Chutney:
300 g Pflaumen
1 Zwiebel
20 g Ingwer
100 ml Whiskey
50 g Zucker

Salz & Pfeffer

Zubereitung Lamm:
Das Gulasch von Sehnen befreien. Handkäse, Petersilie und Zwiebeln klein schneiden und und durch einen Fleischwolf geben. Kräftig würzen mit Pfeffer und Salz.

Backofen vorheizen auf 200 Grad. Aus dem Hack Bällchen formen. Blätterteig in Streifen schneiden und mehrfach diagonal über das Bällchen legen und andrücken. Bällchen auf ein Gitter setzen und den Teig mit dem Eigelb einpinseln. 25 Minuten bei 180 Grad backen.

Zubereitung Chutney:
Pflaumen entkernen und in kleine Würfel schneiden. Zwiebel ebenfalls in kleine Würfel schneiden. Zucker im Topf karamellisieren und mit dem Whiskey ablöschen. Zwiebeln und Pflaumen hinzugeben. 20 Minuten bei mittlerer Hitze köcheln lassen. Abschmecken mit Ingwer, Pfeffer und Salz.

Tipp:
Das Pflaumen Chutney schmeckt auch zum klassischen Handkäse.

Handkäs`Souffleé mit Birnen Ragout

Zubereitungsdauer: 20 Minuten | Backzeit: 30 Minuten

Zutaten Souffleé:
200 ml Sahne
100 ml Milch
100 g Handkäse
100 g Frischkäse
5 Eigelbe
5 Eiweiß
100 g Zucker

Zutaten Ragout:
2 Birnen
4 EL Zucker
2 EL Birnen Brand

Zubereitung Souffleé:
Alle Zutaten, bis auf das Eiweiß, zusammen in eine Schüssel geben und sehr fein pürieren. Eiweiß steif schlagen und die Eigelbmasse vorsichtig unterheben.

In Förmchen geben und im Wasserbad ca. 30 Minuten im Backofen bei 160 Grad garen lassen.

Zubereitung Ragout:
Birnen schälen, in grobe Würfel schneiden und mit dem Zucker karamellisieren. Den Brand hinzugeben und so lange köcheln lassen, bis es leicht sämig ist.

Handkäs´ Créme Brulée

Zubereitungsdauer: 20 Minuten | Backzeit: 30 Minuten

Zutaten:
200 ml Sahne
100 ml Milch
100 g Handkäse
100 g Frischkäse
5 Eigelbe
4 EL Zucker

4 EL brauner Zucker zum Gratinieren

Zubereitung:
Alle Zutaten, bis auf den braunen Zucker, in einen Mixer geben und sehr fein pürieren. In Förmchen füllen und im Wasserbad ca. 30 Minuten im Backofen bei 150 Grad garen lassen.

Nach dem Auskühlen mit dem braunen Zucker bestreuen und mit einem Bunsenbrenner gratinieren, bis der Zucker geschmolzen ist.

Erdbeeren Handkäs´ Balsamico Eis

Zubereitungsdauer: 20 Minuten | Gefrierzeit: 6 Stunden

Zutaten:
400 g Erdbeeren
100 g Handkäse
2 EL rote Pfeffer Beeren
4 EL Balsamico Creme
6 Eigelbe
100 g Zucker
400 g Schmand

Zubereitung:
Erdbeeren entstielen, klein schneiden und kurz mit einer Prise Zucker anschwitzen. Dann fein pürieren und danach durch ein Haarsieb geben. Zucker mit dem Eigelb dick schaumig schlagen, danach den Schmand und den zuvor mit einer Gabel zerdrückten Handkäse nach und nach hinzugeben. Erdbeermasse sowie den roten Pfeffer und die Balsamico Creme mit einrühren.

Im Gefrierfach ca. 6 Stunden gefrieren lassen. Vor dem Servieren leicht antauen lassen, damit man es besser zu portionieren kann.

Rezepte:
Mirko Reeh ©

Portrait Mirko Reeh:
Stephan Maka | Lifephoto.com

Bilder:
Marc Wuchner, Loftstudio Frankfurt
Assistenz: Mario Drescher
Foodstyling: Mirko Reeh, Tino Kalning
Styling: Marion Dietz

Für die Seiten:
12, 16, 20, 24, 28, 32, 36, 40, 42, 44, 46, 48, 50, 52, 54, 66, 72, 74, 78, 82, 84, 88, und 90.

I-Stockphoto.com, für die Seiten:
18, 60 und 86.

Harzinger, für die Seiten:
22, 26, 30, 34, 38, 56, 62, 64 und 70.

Gestaltung:
Mirko Reeh

Herausgeber:
Kochwelt Mirko Reeh GmbH
Wiesenstrasse 33 | 60385 Frankfurt
Telefon: 069 9450710 | E-Mail: info@mirko-reeh.com

Herstellung und Verlag:
BOD-Books on Demand, Norderstedt
ISBN 978-3-7392-2185-4

Sponsoren & Werbepartner:
Koziol & Harzinger Käse

Bücher von Mirko Reeh

Pasta Pasta

Jetzt kommen wahre Wonnen auf die Teller. Mehr als neunzig neue Nudelrezepte mit Glücksfaktor hat Mirko Reeh in seinem neuen Buch „Pasta, Pasta" angerichtet. Alles drin, was das Herz begehrt. Klassiker, abgedrehte Kombinationen und auch „Mirkos Lieblings-Nudel-Rezepte" – so der Untertitel - sind darin zu finden

ISBN: 9783842356726   Preis: 24,90 €

Die Soße macht´s!

Was kann es Schöneres geben, wenn ein Essen mit einer schmackhaften Sauce abgerundet wird. In meinem Buch „ Die Soße macht´s!" möchte ich Sie mit einfachen Schritten an ein eigentlich umfangreiches Thema heran führen. Ich habe 126 Saucen zusammengestellt, von kalten Saucen über warme Saucen bis hin zu süßen Soßen.

Mit vielen Basics und Tipps rund um das Thema Soßen.

ISBN: 9783842362437   Preis: 12,00 €

Handkäse Deluxe

Mit Liebe, Lust und Leidenschaft hat Mirko Reeh 60 Handkäs'-Rezepte zusammen getragen und aufgeschrieben. Von Suppen über Salate, Salsa und Sandwiches, Soufflees und Soßen reicht die Palette. Ob kleiner Gaumenkitzel, herzhaft Hauptsächliches oder süße Überraschung - Handkäs' ist einfach unschlagbar.

ISBN: 9783732298266   Preis: 12,00 €

Schnell gekocht!

Wer hat schon alle Zeit dieser Welt, um tolle Gerichte auf den Tisch zu bringen? Mal ehrlich, meistens muss es doch schnell gehen. Aber schmecken soll es trotzdem. Mit "Schnell gekocht" zeigt Küchenstar Mirko Reeh, wie man auch bei knappem Zeitbudget gesund und lecker kochen kann. Bis auf einige wenige Ausnahmen sind alle Rezepte in maximal 30 Minuten auf dem Tisch. Denn: Mirko bringt alles schnell auf den Punkt. Deshalb gibt's auch keine langen Erklärungen. Und trotzdem funktioniert's. Über 50 Fotos machen Lust aufs Kochen . Insgesamt hat der Bestseller Autor, der mittlerweile über 30 Bücher auf den Markt gebracht hat, 80 Rezepte mit vielen Variationen in seinem neuen Küchen-Quicky versammelt. Von der Blitz-Pasta bis zu ausgefallenen Kompositionen, die Mirko Reehs Kreativität zeigen, reicht die Palette. Und was rät der Koch: "Einfach loslegen. Keine Zeit verlieren ... Das wird schon" sagt Mirko.

Softcover: ISBN 9783738608649   Preis: 12,00 €
Hardcover: ISBN 9783734733659   Preis: 19,90 €

Eigene Rezepte und Anmerkungen

Eigene Rezepte und Anmerkungen

Eigene Rezepte und Anmerkungen

Eigene Rezepte und Anmerkungen

Eigene Rezepte und Anmerkungen